AF404571

SVR L'ENTRÉE
DE LA REINE
DE SVEDE
CHRISTINE
A PARIS.

Par MONSIEVR LESCALOPIER,
Conseiller Aumosnier & Predicateur
ordinaire du Roy.

A PARIS,

Par ROBERT BALLARD, seul Imprimeur du Roy
pour la Musique, ruë S. Iean de Beauuais,
au Mont Parnasse.

M. DC. LVI.

CHRISTINAE
Suecorum Reginæ.

VT Regia mens tua multiplici rerum cognitione atque experientiâ diues, è regno Galliæ redux poſſit narrare ſuis, quantum cæteris nationibus præſtemus virtute bellica, pedum agilitate, ſaltibus & cantu, habebit tua ſereniſſima Majeſtas in hac opellâ totius Aulæ magnificentiam ac decora, ſi non expreſſa ad viuum, ſaltem leui adumbrata penicillo, abſens aderit, obmurmurabit adhuc auribus Aulæ ſtrepitus amabilis, quæ vidit leget, vultus & lineamenta Principis noſtri recognoſcet, meritò-que illud Andromaches vſurpabit.

Sic oculos, ſic ille manus, ſic ora ferebat.

Itineris aſperitatem tam luculento pignore mitigabit, ſe quoque Principibus noſtris annumeratam & permiſtam recordabitur, inter domeſticos Palatij ſui parietes munificentiam noſtri Regis intuebitur, & vt paucis multa dicam, vnà cum SERENISSIMA MAIESTATE TVA tota in Sueciam Gallia commeabit.

NICOLAVS LESCALOPIER,
à Conſilijs, Eleemoſynis &
Concionibus Regis.

CHRISTINÆ
SVECORVM REGINÆ.
CARMEN.

Ymphæ, Sequanides Nymphæ, quæ Templa tenetis
Vitrea, quæ liquidum ſub gurgite peſtitis aurum,
Et fluſtu egregios aptatis judice vultus,
Ferte pedem, atque omnes venienti aſſurgite Diuæ.
Ecce, coloratis ambit quam Gloria pennis
Et centum quam vulgauit vaga Fama tropæis,
Heroïna ſuos infert pulcherrima greſſus,
Olli prô quantâ prouidit gratia dote!
. O quam illam memorem! quæ mentem induta virilem,
Fœmineæque oblita, ſacri memor vſque pudoris.
Non mihi ſe jaſtet volcâ de gente Camilla
Qnamuis præpetibus ſtringat vix æquora plantis
Bellatrix, Fugienſque leues vix libet ariſtas,
Non mihi fulgentem attollat lunata ſecurim
Penthefiles, ſuamque exertet trunca pupillam,
Gratior ingreditur virgo CHRISTINA GOTHORVM
Deliciæ,

Deliciæ, quam Terra colit, cui sidera fauſtos
Debent aſpeƈtus, & pluſquam fortis Amazon,
Nec tamen ambuſtæ doluit diſpendia mammæ.
Huic GVSTAVVS erat pater, ô ſi fata dediſſent
Vitalem magis! Vt validos perrumperet hoſtes!
Verùm tale decus terris inuidit Olympus,
Magnus erat, magnus jacuit, ſi Templa Deorum
Poſtquam ſacrilegis perierunt morſibus æui,
Vel Cœlo taƈta, ingenti cecidere ruinâ,
Nos colimus, ruptiſque impendimus oſcula ſaxis,
Grandiaque eliſi miramur membra Coloſſi,
GVSTAVVM ingratus venerari deſinet orbis?
Non ita, nam Phœbus jungit quâ mane recentes
Quáque fatigatos ſoluit temone jugales,
Dicetur, dum terribili Mars efferus haſtâ
Falcatiſque meret populos impune quadrigis,
Dum triſtes Bellona tubas inflabit, eodem
Fonte tuum nomen ſurget CHRISTINA, ſtrepentes
Namque inter Martis lituos, ſonituſque fragores
Exoreris, teneram cingunt patriæ vndique lauri,
Regaleſque vmbrant palmæ, Tritonia librat
Infantem, & dulces motat Victoria cunas,
Nil ego tam miror, ſi te omnis terra ſalutat
Grandi & bellatore animo; te peƈtore finxit
Traduce GVSTAVVS, tantoſque afflauit honores,
Scilicet ad ſolium ſurgis, per denſa virorum
Agmina, perque tubas CHRISTINA, patriſque triumphos,
Ipſe tibi muniuit iter, pedibuſque tenellæ

B

Subjecit validôs hostes, regnoque locauit
Morte suâ viuens, talis si credere dignum est,
Iam grauior Phœnix, moritur festinus in ortum,
Idem alterque simul, sic tu generosa paternis
Manibus, imperium in magnum CHRISTINA resurgis,
GVSTAVVMque refers, nec obest distinctio sexûs.

   Huc, huc, Sequanides Nymphæ, Regina propinquat
Parrisijs, Luparamque astro meliore colorat;
Cernite marmoreâ ridentia Lilia frontis,
Majestas oculis, jucundo fornice nares
Assurgunt, roseis Siren sedet Attica labris,
Pallas vtrumque dedit, medios volitare per enses,
Alataſque ſequi nitrato in puluere mortes,
Et ſiſe ſignare manu, dedit ipſa Minerua
Eloquium, & ſtudijs inſomnes fallere noctes.

   E veſtris prodite vadis, Chloreque, Drymoque,
Cymothoëque & docta Lycorias, albaque Xantho,
Atque hæc, Sequanicis euoluite verba ſub vndis:
Dulcis amor Muſarum, & ſacri gloria Pindi
CHRISTINAM ſceptro, & regnis ſpoliauit auitis:
Non illam illecebra, & quicquid gens Aulica jactat,
Deuinctam tenuêre, juuat, juuat ardua Montis
Scandere, Apollineaſque comis attexere lauros,
Audiat Eoo quâ Titan æquore ſurgit;
Audiat Heſperio quâ mergitur æquore Titan,
Nam dudum hoc tardi norunt ſarræa Boötæ,
„ Nulla Venus, nullíque animum flexere hymenæi,
Vnda placet Pimplæa, & doctis nota Poëtis

Sylua, sacros læto quæ frigore ventilat æstus.
Exilium juuat, & patrijs excedere regnis,
O crudelis amor Musarum! ô blanda Tyrannis!
Vsque adeóne tibi placuerunt castra Mineruæ,
Vt dulcis pharetram pueri, æternúmque sagittas
Eiures, flauæ nec tangunt sacra Diones?

Huc Nymphæ, jam tempus adest, assurgite, ripas
Iam radit vestras CHRISTINA, atque auspice Cælo
Os roseum Gallis ostendit, & aëra purgat,
Pande Triumphales populosa LVTETIA portas
Aduentum testata Deæ, ac venerare Mineruam
Parrisijs celebres quæ restaurabit Athenas.

O Dea, quæ sæui per mille pericula Nerei
Hâc demum nostrâ voluisti sistere terrâ,
Sis felix, duplices tibi Francia porrigit vlnas,
Iura dabis, Latium reuocabis, & Atthida, olores
Te duce Cantabunt galli, totumque per orbem
Alite pennâ ibis CHRISTINA, age læta juuentus
Concipe solemnes conspectâ virgine versus,
Versus, quos Glaucâ velatus arundine crines
Audisti Tiberine pater, nam ritè canebant
Romulidæ, portisque aderant bipatentibus, ostro
Conspicui proceres, & gratabantur amori
Reginæ, quæ per miseri contagia mundi,
Contemptas per opes, & vitæ philtra prophanæ
Ingreditur victrix, & vincla tenacia rumpit,
Non Vmbræ ingentes Atauorum, & maxima Patris
Mouit imago, placet cineres calcare sepultos,

Et Regnum, & natale solum, & dulces Hymenæos;
Tantus amor Cœli! Perge ô CHRISTINA*; salutis*
Quò certæ micuere faces, quâ lactea fundit
Se via, damnosique-euites lubrica cliui,
Quid loquor? in firmâ ponis vestigia caute,
Iustitiæ, Fideique tenax, monimentaque famæ
Erigis æternæ, tumulos caprificus obumbret
Inuidus, obscuretque notas & nomina Regum,
Nulla tuis vnquam venient obliuia factis,
Dumque Caledonium decurret Sequana in æquor,
Orbis adorabit CHRISTINAM*; & dicet honores:*
Pande Triumphales populosa LVTETIA *portas,*
Festiuas tormenta vomant per inania flammas,
Virgatique altis condant se in nubibus ignes,
Dicite Jo juuenes, pueri, inuptæque puellæ
Inualidique senes. Sidus CHRISTINA *benignum*
Apparet, (quod si mentem non ludit Apollo,)
Francica Palladiam per Lilia fundet Oliuam.

FINIS.

IN TABELLAS
REGIS CHRISTIANISSIMI
ET REGINÆ,
DVCIS ANDEGAVENSIS,
& Eminentissimi
CARDINALIS MAZARINI,
nuper ejusdem Authoris versibus
expressus & typis,
nunc
SVECORVM REGINÆ
CHRISTINAE
TRIVMPHANTI
ab eodem oblatas.

Æc tecum ad patrias defer miracula terras.
Illic magnanimos heroas, & aurea cernes
Francigenum simulacra, polo quos ardua virtus
Attollit, quos Relligio, quos viuida bello
Dextera, quos rebus sapiens moderamen in arctis.
Anna parens illic Diuis fœcunda duobus

C

Exuperat cunctas, priuato munere, matres,
Regia se sacro LODOICI expressit in ore
Majestas, animusque senex inuenilibus annis.
Hunc prope flagrantésque genas, oculosque PHILIPPI,
Vnde faces acceudit amor, dulcique puellas
Igne coquit, pulcrumqūe facit sine vulnere vulnus,
Conspicies, fratrem ille suum jam prouocat, ANNÆ
Altera fertilitas, & nexus totius aulæ.
IVLLIVS hic fidam per mille pericula dextram
Francigenis probat, atque Italo se se asserit ortu
Consilioque grauem, belli, pacisque sequestrem,
Hinc pictora loquax, illinc taciturna, colores
Alternat, miscetque suos, tamen Alma Poësis
Vincit, & elingui dūm mūtuat ora sorori
Corrigit incautum scalpri properantis acumen,
Naminibus stipata bonis terraque marique
Ingredere, & Gotthis Gallos ostende Penates.
Sic tibi Tyrrhenum substernat Nereus æquo,
Et tua plaudentes distendant carbasa venti.

A LA REINE
DE SVEDE
CHRISTINE.

OSTRE MAIESTÉ

Me permettra, s'il luy plaift, d'emprunter les paroles du Roy des Phœniciens, Alcinous parlant à Vluffe qui l'eftoit venu voir, au rapport d'Homere. Affin, luy dit-il, qu'eftant de retour, vous puiffiez raconter combien nous furpaffons les autres Nations en Magnificences & richeffes pupliques & particuliers, en diuertiffemens de Chants, de Danfe, & de Chaffe ; j'en offre les fujets à VOSTRE MAIESTÉ auec les Tableaux de nos demy-Dieux, qui ont deux faces, la Poëfie, & la Peintnre, qui'eft vne Poëfie muette, & l'autre vne Peinture qui parle, toutes deux font vn agreable commerce, & meflent leurs couleurs & leurs brillants enfemble : Mais la Poëfie preftant la parole à fa fœur qui n'a point de langue, corrige les gliffades du Burin qui s'eft trop precipité ; Receuez donc, s'il voue plaift, PVISSANTE REYNE, dans vn petit Ouurage les merueilles de noftre fiecle, & comme le Prince AEnée dans Virgile emporta les Dieux de Troye, qui furent la caufe de fon bon-henr : Que VOSTRE MAIESTÉ prenne les Statuës & Portraits de nos Princes qui feront les veritables idées des Royalles vertus & les marques du reffeЀ & de l'honneur que rend à VOSTRE MAIESTÉ,

GRANDE REYNE,

Son tres-humble & tres-obeïffant
Seruiteur,
LESCALOPIER, Confeiller, Aumofnier,
& Predicateur ordinaire du Roy.

EXPLICATION DES VERS
FAITS A LA LOVANGE
DE
CHRISTINE
REINE DE SVEDE.

NYMPHES de la Seine qui auez pour vos demeures des temples de criftal, qui peignez le bel or liquide de vos treffes fous les ondes, & qui vous mirez dans leurs flots les faifans juges de voftre beauté, fortez incontinent, & venez au deuant de cette Reyne.

La voicy cette grande Heroïne doüée d'vne fingu-liere grace, la Renommée la precede & l'enuiron-ne auec fes aifles peintes, & la Gloire la publie par milles trophées.

O ! qu'elle eft auantagée! & que la nature luy a don-né de faueurs! qu'en puis-je dire autre chofe, finon qu'elle eft comme reueftuë d'vn mafle courage, qu'el-le a oublié fon fexe fans auoir oublié la pudeur? Qu'on ne me parle plus de cette Camille Reine qui marchoit fur les eaux, & couroit fur la tefte des efpics de bled; Loing d'icy cette Penthefilée qui fait tant de l'Ama-zone, auec fa hache, & le fein couppé, c'eft bien icy vne

autre

autre courage. CHRISTINE, les delices des Suedois
& des Goths, que la Terre cherit, que les Astres fauo-
risent de leurs regards, plus forte que toutes les Ama-
zones, quoy qu'elle n'aye jamais comme elles souffert
la perte de son sein; Voyez-la bien, elle est fille de
GVSTAVE, ô si les destins eussent permis qu'il fut en-
core au monde, comme il triompheroit de ses enne-
mis! mais, helas! le Ciel jaloux l'a enleué, il est grand
par tout, aussi bien en son trépas qu'en sa vie il est toujours digne de veneration; car si les Temples des Dieux
apres auoir esté rongez des sacrileges morsures du
temps, ou abatus d'vn coup de tonnere, sont toujours
respectez, par les baisers que nous donnons mesmes
aux pieces brisées que nous considerons comme de
vieilles antiquitez, le Colosse abatu & cassé fait voir
quel il estoit, pourquoy donc la posterité n'estimera-
t'elle pas GVSTAVE? Non, non, depuis le Leuant jus-
que au Couchant, tant que Mars auec ses chariots rui-
nera les Peuples, tant que Bellone enflera ses trompettes, on parlera de GVSTAVE, & par mesme moyen de
CHRISTINE, qui n'a qu'vne mesme source de naissance
& de gloire. CHRISTINE, vous venez au monde entre les trompettes & les clairons, vous paroissez dans le
bruit effroyable des armes, vostre berceau est enuiron-
né des lauriers de vostre Pere, & ses palmes victorieu-
ses vous donnent de l'ombre, Pallas vous porte entre
ses bras, & la Victoire vous remuë dans vostre berceau.

Ie ne m'estonne pas tant, si toute la terre vous fait
hommage & vous considere comme guerriere, vous

auez l'efprit de G v s t a v e, vous eftes montée au throne parmy fes efcadrons & fes triomphes, il vous fait
des degrez de morts , & vous place en mourant en fon
throne ; j'ay tort de dire qu'il eft mort, il furuit à foy-
mefme : C'eft vn Phœnix qui court à grand hafte par
fes funerailles au terme de fa naiffance : C'eft vn autre
& fi c'eft le mefme, CHRISTINE reffemble à GVSTA-
VE, & la condition du Sexe ne met aucune difference.

Sus donc, Nymphes de la Seine , la Reine approche
de Paris, j'apperçois des-ja qu'elle dore le Louure de fa
gloire: voyez je vous prie comme fon front jette de l'ef-
clat fur nos Lys, la majefté eft dans fes yeux , les Sire-
nes ont pris place fur fes leures tant elle eft eloquente.

Pallas luy a donné deux chofes , d'aller librement au
trauers des armes , de chercher des morts au milieu d'v-
ne pouffiere de Mars, & de fe rendre recommanda-
ble par fa vertu : Et Minerue auec les Sciences luy don-
ne l'Eloquence, l'affiduité de l'eftude, & l'amour des Li-
ures, en forte qu'elle y paffe les plus agreables nuits.

Sus donc, Nymphes de la Seine , fortez de vos mai-
fons; fus vous belle Chlore, Drymo, auec vos compa-
gnes roulez ces peroles fous les eaux.

L'amour des Sciences & celuy de la Religion , à defpoüillé
CHRISTINE *de fon Royaume.*

Les delicateffes de la Cour, & ce que les Fauoris des
Grands eftiment tant, n'ont pû rien fur fon efprit, il
faut à quelque prix que ce foit monter fur le Parnaffe,
& couronner fa tefte des lauriers d'Apollon·Que tout le
monde fçache, foit ceux qui regardent le Soleil leuant,

ou ceux qui l'ont au couchant, que l'Amour n'a peu flef-
chir fon courage : Les eaux facrées du Parnaffe , & cette
tant renommée forefts ou vne facrée horreur allume
les fureurs des Poëtes luy a plû d'auantage.

O le cruel amour des Mufes! ô la douce tyrannie!
Quoy ? les Sciences vous ont tellement rauie, & Cu-
pidon cet agreable enfant auec fes flefches a fi peu de
pouuoir fur vous, que vous renoncez pour jamais aux
mifteres de fa Mere?

Venez donc, Nymphes, leuez-vous par honneur,
il eft temps, CHRISTINE eft coftoyant vos riues
dont elle diffipe les brouillarts.

Paris, ouurez vos portes comme vous auez de cou-
ftume à ceux qui triomphent, ttefmoignez voftre joye
à l'arriuée de cette Reine ; venerez cette Pallas qui re-
ftablira les temples des Mufes, & baftira vne feconde
Athene dans Paris.

O Reine! qui aprés tant de courfes & fur mer &
fur terre , auez voulu vifiter nos Eftats ! foyez la
bien venuë, la France va au deuant de vous & vous
tend les mains pour marque en refpect & de bien-
veillance : C'eft vous, grande Princeffe, qui r'amenez
le Lation d'Athenes, nous verrons les Cygnes Fran-
çois chanter fous vos aufpices , & voftre nom,
CHRISTINE , porté fur nos plumespar l'vniuers.
Sus, braue Ieuneffe, à l'afpect de cette Reyne incom-
parable conceuez des vers ; mais des vers femblables à
ceux, que vous Tybre auec voftre perruque de jonc
entendites, quand les Romains chantant d'vne belle

façon , estant aux portes , se conjoüissoient auec
vous , CHRISTINE , de ce que rompans tous les
liens des richesses , & de la liberté d'vne vie propha-
ne , vous vous estes rendue au vray azyle; vous n'auez
point eû d'egard aux ombres de vos Ancestres , & à la
religion de vos Peres; vous auez par vne sainte impie-
té foulé les cendres de vos Ayeuls, le Royaume, le Scep-
tre , & le Mariage , rien ne vous a retardé , tant a esté
grand l'amour du Ciel; poursuiuez , CHRISTINE ,
marchez où vous voyez l'estendart du salut , où cette
voye de laict & de vertu vous appelle , esuitez le passage
d'vne mort sans ressource. Mais que dis-je? vous estes
sur la ferme pierre de l'Eglise , vous erigez des monu-
ments & des arcs de triomphe à vostre Renommée qui
doit estre eternelle: Iamais le figuier sauuage qui dissout
les marbres , & comme enuieux obscurcit les noms &
blasons des Roys , jamais l'oubly ne ternira vos actions
tant que la Seine ira se desgorger dans la mer Britani-
que , le monde adorera CHRISTINE & publiera ses
loüanges : Ouurez donc vos portes , Ville de Paris ,
que les Canons en signe de réjoüissance fassent reten-
tir nos airs , & que les feux d'artifices aillent se perdre
dans les nues. Peuples , chantez , CHRISTINE comme
vn bel astre paroist sur nostre horison , & (si Apollon
ne me trompe) elle est pour faire vne sainte alliance de
l'Oliue auec nos Lys , nous moyennant la Paix.

F I N.